BOEKANALYSE

AF125920

De verdwijning van Stephanie Mailer

• • • • • • • • • • • • • •

Joël Dicker

BOEKANALYSE

Geschreven door Morgane Fleurot
Vertaald door Nikki Claes

De verdwijning van Stephanie Mailer

JOËL DICKER

JOËL DICKER

ZWITSERSE SCHRIJVER

- **Geboren in 1985 in Genève**
- **Enkele van zijn werken:**
  - *De laatste dagen van onze vaders* (2010), roman
  - *De waarheid over Harry Quebert* (2012), roman
  - *The Baltimore Book* (2015), roman

Joël Dicker is een jonge auteur in opkomst. Aanvankelijk afgestudeerd aan de universiteit van Genève in de rechten en voorheen parlementair attaché in Zwitserland, wijdt hij zich nu aan zijn passie: schrijven. Van zijn tweede roman, *De waarheid over Harry Quebert* (2012), die de Goncourtprijs voor middelbare scholieren won, zijn 5 miljoen exemplaren verkocht en hij is vertaald in 40 talen. Na een eerste historische roman (zijn personages zijn geheime agenten van de SOE) wilde de schrijver zich wagen aan het schrijven van een thriller in Amerikaanse stijl.

Joël Dicker geeft sinds zijn allereerste boek (2010) uit bij De Fallois en brengt met zijn nieuwste roman *De verdwijning van Stephanie Mailer* een eerbetoon aan zijn uitgever (die op 2 januari 2018 is overleden).

DE VERDWIJNING VAN STEPHANIE MAILER

EEN GIGOGNE *COLD-CASE*

- **Genre:** misdaadroman
- **Referentieuitgave:** *La disparition de Stephanie Mailer*, Parijs, Éditions de Fallois, 2018, 640 blz.
- **1re editie:** 2018
- **Thema's:** thriller, verdwijning, moord, spanning, New Yorkse voorsteden, onderzoek, theater, mysterieroman

De verdwijning van Stephanie Mailer is een dichte roman met het gevoel van een Amerikaanse thriller. Joël Dicker komt terug op het succes van zijn tweede boek, *De waarheid over Harry Quebert*, en plaatst zijn actie in de Verenigde Staten, op enkele uren van New York in de Hamptons. Maar deze keer is niet Nola Kellergan verdwenen, maar Stephanie Mailer, een gerenommeerde journaliste die een twintig jaar oude zaak onderzoekt waarbij een theaterfestival en een viervoudige moord betrokken zijn. Hoewel de kritieken gemengd zijn, herhaalt Joël Dicker toch de prestatie van een effectieve *page-turner.*

SAMENVATTING

1993-1994

Orphea, een klein stadje in de Hamptons, ongeveer 100 kilometer van New York, wordt onder de duim gehouden door de burgemeester, Joseph Gordon. Hij handhaaft de wet door steekpenningen aan te nemen van de inwoners zodra zij de goedkeuring van het stadhuis nodig hebben voor hun activiteiten. Zoals gewoonlijk probeert Gordon Ted Tennenbaum om te kopen, een jonge man met een imposant postuur en vechtlust, maar deze verzet zich tegen hem: hij heeft plannen voor de bouw van zijn restaurant, Café Athena, en is van plan niet toe te geven aan de chantage van de burgemeester.

Tegelijkertijd zit Ted Tennenbaum in de problemen met kingpin Jeremiah Fold, een pooier en drugsdealer die hij ernstig heeft geslagen en vernederd, en die hem sindsdien chanteert door te dreigen zijn restaurant en huis af te branden. Jeremiah is begonnen zijn ezels, bekend als zijn "volgelingen", te rekruteren via een originele, zij het onorthodoxe methode: hij prostitueert de mooie Mylla, een minderjarig meisje, en chanteert haar klanten. Maar aan ieders beproeving komt een einde als Jeremiah in 1994 op tragische wijze omkomt bij een gewelddadig verkeersongeluk.

Meghan Padalin is een jonge boekverkoopster die in Orphea woont; als ze hoort over de chantage door het stadhuis, bedreigt ze Gordon elke avond mondeling en geeft hem aan bij de loco-burgemeester, Alan Brown, door hem anoniem te bellen. Ze heeft ook een buitenechtelijke liefdesrelatie met de criticus Meta Ostrovsky, die smoorverliefd op haar is.

30 JULI 1994

Op de openingsavond van het eerste Orphea-festival vindt een viervoudige schietpartij plaats: die van de familie Gordon (de burgemeester, zijn vrouw en hun zoon) en van Meghan Padalin, een zogenaamd gênante getuige van het tafereel.

Ted Tennenbaum wordt al snel verdacht door de politie: zijn busje werd gezien voor het huis van de burgemeester op het moment van de moorden, de hele stad weet van zijn meningsverschillen met Gordon, en bovenal weet de politie zeker dat hij in het bezit is van een Berreta-pistool dat het moordwapen zou zijn.

Detective Jesse Rosenberg en Sergeant Derek Scott krijgen de leiding over het onderzoek en slagen erin aanzienlijk bewijsmateriaal te verzamelen dat leidt tot Tennenbaums arrestatie. Tennenbaum wordt vervolgens gepakt en gedood in een auto-achtervolging met de politie, waarbij ook Jesse's verloofde Natasha wordt gedood. Na de dood van de hoofdverdachte wordt de zaak gesloten.

2013-2014

Politieagente Anna Kanner scheidt van haar man en verhuist van New York City naar de buitenwijken, naar het rustige stadje Orphea. Ze wordt het politiedistrict binnengehaald als plaatsvervangend hoofd van de politie, omdat burgemeester

Brown haar de baan van hoofdcommissaris heeft beloofd zodra hij met pensioen gaat.

Op hetzelfde moment is de jonge Dakota Eden in New York betrokken bij een geval van morele intimidatie omdat ze Tara, een van haar klasgenoten, tot zelfmoord heeft gedreven. Dakota zou wraak hebben genomen nadat Tara een waardevol bestand van haar computer had verwijderd: het toneelstuk dat ze een jaar lang had geschreven.

Steven Bergdorf, redacteur van de *New York Review of Letters*, heeft een hartstochtelijke liefdesrelatie met Alice Filmore, zijn medewerkster. Zij probeert hem onbewust te ruïneren met haar dure eisen, terwijl Steven de affaire voor zijn vrouw probeert te verbergen.

ZOMER 2014 VOOR DE EERSTE

Terwijl hij zich opmaakt om met vervroegd pensioen te gaan, wordt Jesse Rosenberg benaderd door een jonge journaliste die hem vertelt dat haar naam Stephanie Mailer is en dat ze de viervoudige moordzaak van 1994 onderzoekt. Ze vertelt hem dat ze nieuwe informatie heeft: volgens haar is de dader niet Ted Tennenbaum. Na de mysterieuze verdwijning van Stephanie besluit Jesse het onderzoek van 1994 te heropenen en belt hij Derek, zijn partner van toen. Ze worden ook bijgestaan door Anna, de enige politieagent in het politiebureau van Orphea die geïntrigeerd is door de zaak. Wanneer het lichaam van de vermiste journalist verdronken wordt teruggevonden, worden de drie helden gesterkt in hun zekerheid: twintig jaar later is de moordenaar van 1994 nog steeds op vrije voeten en vreest hij ontdekt te worden.

Wanneer ze proberen het politierapport van toen in handen te krijgen, ontdekken ze dat het verdwenen is: waar het had moeten zijn, een enkel stuk papier met de raadselachtige woorden "DE ZWARTE NACHT". Deze donkere nacht verwijst naar een toneelstuk geschreven door Kirk Harvey, hoofd van de politie van Orphea ten tijde van de gebeurtenissen in 1994. Bij ondervraging is Harvey mysterieus en belooft hij de naam van de dader te onthullen als zijn toneelstuk een paar dagen later op het twintigste theaterfestival wordt opgevoerd. Burgemeester Brown willigt zijn verzoek in en Kirk doet audities voor zijn acteurs: hij kiest Jerry en Dakota Eden, de vader en zijn depressieve dochter die op doorreis zijn in Orphea; Steven Bergdorf (de voormalige redacteur van de plaatselijke krant *The Orphea Chronicle*) en zijn minnares Alice; Gulliver, de huidige politiechef; Samuel Padalin, de weduwnaar van Meghan; en tenslotte Ostrovski, de beroemde criticus. Hij rekruteert ook Charlotte Brown, de vrouw van de burgemeester, die snel wordt ondervraagd omdat een nieuwe getuige haar in Tennenbaums busje heeft zien rijden op de avond van de moord; zij wordt later vrijgesproken maar blijft een verdachte. Michael Bird, de redacteur van *de Orphea-kronieken*, wordt aangewezen om het evenement van binnenuit te verslaan en woont alle repetities bij, die geheim worden gehouden. Wanneer Dakota wordt neergeschoten terwijl haar personage op het punt staat de naam van de dader van 1994 te onthullen, staan alle acteurs onder verdenking. Kirk Harvey onthult dan dat hij geen idee had wie de dader was en hoopte dat die zich tijdens de voorstelling zou melden.

ZOMER 2014 NA DE EERSTE

Door de positie van Meghan Padalin's lichaam te analyseren, ontdekken Anna, Jesse en Derek dat zij in 1994 in feite het beoogde slachtoffer was, en dat de burgemeester en zijn familie slechts ongelukkige getuigen waren van de scène. Ze halen Meghans dagboeken terug uit het bezit van haar man, en als ze die lezen, zet het onderzoek een belangrijke stap voorwaarts: er was niet één, maar twee moordenaars die elkaar hadden verwisseld. Burgemeester Gordon wilde Meghan Padalin vermoorden omdat ze een bedreiging vormde voor zijn corrupte zaken, dus liet hij iemand anders het doen terwijl hij zich ontfermde over Jeremiah Fold. Dus we moeten uitzoeken wie Jeremiah dood wilde hebben om de moordenaar van Meghan, de burgemeester en Stephanie Mailer te pakken.

Omdat Anna haar op een foto herkent, weet ze Mylla te ontmaskeren, Jeremiahs voormalige prostituee die na de dood van haar kwelgeest haar ware identiteit heeft aangenomen en nu getrouwd is met Michael Bird. Michael, Jeremiah's voormalige 'stroman', was smoorverliefd op Mylla. Hij was daarom van plan hun beul te vermoorden en verbond zich met Ted Tennenbaum die ook van de afperser af wilde. Het is Ted die op het idee komt van de uitwisseling met burgemeester Gordon en die een ingenieuze list opzet: hij is de enige die weet wie de twee moordenaars zijn en vertrouwt hen de namen van de slachtoffers toe door middel van een gecodeerde boodschap in twee boeken van de boekhandel. In het besef dat hij een verdachte is, probeert Michael zich te ontdoen van Anna, die het einde nabij is, maar zij wordt *in extremis* gered door Jesse en Derek. De dader bekent uiteindelijk de moorden van 1994 en 2014.

KARAKTERSTUDIE

HET POLITIETEAM

Jesse Rosenberg

De hoofdheld van het verhaal, Jesse, is kapitein bij de politie van de staat New York en staat aan het begin van de roman op het punt met pensioen te gaan, terwijl hij pas 45 jaar oud is. Briljant door zijn collega's toegegeven, hij is ook knap. Ondanks zijn onmiskenbare krachten wordt Jesse achtervolgd door de dood van zijn verloofde Natasha, een dood die verband lijkt te houden met de zaak uit 1994. Het is zeker deze reden die hem ertoe aanzet deze zaak twintig jaar later te heropenen, ook al is ze opgelost.

Derek Scott

Derek Scott is Jesse's voormalige teamgenoot in het veld. Hij ging met pensioen na de zaak van 1994 en werkt nog steeds voor de Staatspolitie, maar op de administratieve afdeling waar hij zich stierlijk verveelt. Getrouwd met Darla en met een gezin, aarzelt hij niet om het onderzoek van 1994 te heropenen, ook al kan het zijn familie van streek maken.

Anna Kanner

Na haar scheiding verhuisde Anna naar Orphea, waar ze dient als tweede adjunct-hoofd van het Orphea Politie

Departement. Voorheen onderhandelaar voor de New York State Police, verliet ze haar positie nadat ze per ongeluk een gijzelaar had gedood. Zij is de enige vrouw in het politiebureau van Orphea en wordt als zodanig eerst bewonderd en vervolgens afgewezen door haar collega's. Zichtbaar zeer aantrekkelijk, er wordt herhaaldelijk gezegd dat Anna magnetisch de aandacht trekt als ze passeert. Onmiddellijk gealarmeerd door de verdwijning van Stephanie Mailer, sluit ze zich aan bij het team dat door Jesse en Derek is gevormd om de zaak van 1994 te onderzoeken. Haar hulp zal van onschatbare waarde blijken: gewetensvol, verrast de jonge vrouw graag door haar efficiëntie.

Ron Gulliver

Gulliver is de politiechef van Orphea en Anna's meerdere. Hij heeft een groot lichaam en een onevenwichtig dieet. Hij is van nature vulgair en onaangenaam, en werkt niet graag mee aan het onderzoek. Bovendien is hij alleen in zichzelf geïnteresseerd, aangezien hij tijdens het onderzoek ontslag neemt (p. 429) om deel te kunnen nemen aan het toneelstuk van Kirk Harvey op het theaterfestival.

Jasper Mountain

Jasper Montagne is adjunct-hoofd van de politie van Orphea, net als Anna, en hij vreest dat zijn collega hem zal verslaan voor de post van nieuwe hoofdcommissaris. Zijn ijskoude gestalte (in overeenstemming met zijn achternaam) wordt alleen geëvenaard door zijn kwade trouw: daarin lijkt hij op opperhoofd Gulliver, van wie hij de 'waardige' opvolger lijkt.

Majoor McKenna

De majoor is de directe baas van Jesse en Derek bij de staatspolitie. Zijn impulsieve temperament suggereert zijn militaire carrière. Hoewel hij streng en compromisloos is, lijkt hij het team te mogen en geeft hij hen regelmatig extra tijd om het onderzoek af te ronden.

Kirk Harvey

Kirk Harvey was het hoofd van de Orphea politie ten tijde van de viervoudige moord in 1994; hij verliet de stad in allerijl kort na de zaak. Twintig jaar later is hij een "gek" (p. 351) die in Los Angeles woont en iedereen die wil luisteren, inclusief aspirant-acteurs, vertelt dat hij "het stuk van de eeuw" schrijft. Op verzoek van burgemeester Brown keert hij terug naar Orphea om het onderzoek te helpen oplossen, maar vooral om eindelijk zijn meesterwerk op de planken te brengen. Hij is een extravagant personage dat bijdraagt aan het komische reliëf van de roman. Hij kan ook een leugenaar en bedrieger zijn.

HET VOLK VAN ORPHEA

Charlotte Brown

Charlotte was vroeger de vriendin van Kirk Harvey en actrice, en speelde de hoofdrol in het toneelstuk *Uncle Vanya*, waarmee het eerste Orphea Theatre Festival werd geopend. Mooi en glimlachend, ze is nu de vrouw van burgemeester Brown en werkt in een dierenkliniek. Ze wordt al snel in het

onderzoek betrokken, omdat ze ten tijde van de moord in 1994 minuten voor de voorstelling afwezig was in het theater.

Alan Brown

Alan Brown raakt als burgemeester van de stad al snel betrokken bij het onderzoek en verschijnt regelmatig in de roman. Hij wordt vooral gekenmerkt door zijn uitgesproken vijandigheid jegens kapitein Rosenberg, tegen wie hij tekeer gaat. Hij was loco-burgemeester ten tijde van de affaire van 1994 en werd voortijdig uit zijn functie ontheven, hoewel er aanwijzingen zijn dat hij betrokken was bij de georganiseerde ontsnapping van burgemeester Gordon, die door zijn moord werd voorkomen.

Michael Bird

Michael is de redacteur van de *Orphea kroniek*, de dagelijkse krant van de stad. Hij volgde Steven Bergdorf op als redacteur van de krant toen Bergdorf kort na de moorden van 1994 de krant verliet. Hij was ook de laatste werkgever van Stephanie Mailer. Hij toont grote bereidwilligheid tijdens het onderzoek en leent zelfs zijn pand uit aan het politieteam wanneer zij zich niet meer veilig voelen op het politiebureau.

Miranda Bird

Het verschil in leeftijd tussen hen is aanzienlijk: zij is enkele jaren jonger dan hij. Haar verleden wordt discreet opgegraven door de politie wanneer deze ontdekt dat zij als lokaas is gebruikt door Jeremiah Fold om zijn handlangers te werven.

Uiteindelijk blijkt zij zich totaal niet bewust van de vroegere en huidige activiteiten van haar man.

Cody Illinois

Als buurman en vriend van Anna was hij de eerste die haar genegenheid toonde toen ze in de stad aankwam. Hij is boekhandelaar van beroep en, voorafgaand aan zijn moord toen het onderzoek in 2014 werd heropend, een waardevolle ondersteuner en getuige van de verhalen en mores van de stad in 1994: hij runde toen al de boekhandel en had Meghan Padalin als werknemer.

DE SLACHTOFFERS

Meghan Padalin

Meghan, het eerste personage in de roman, wordt aanvankelijk gezien als een bijkomstig slachtoffer van de moord in 1994, een lastige getuige die moet worden geëlimineerd. Het blijkt dat zij het hoofddoel was.

Stephanie Mailer

Het gelijknamige personage, Stephanie, verschijnt slechts kort aan het begin van het verhaal wanneer zij naar New York komt en Jesse's nieuwsgierigheid wekt door hem te onthullen dat zij een fout heeft ontdekt in hun onderzoek van 1994. Eerst werkt ze bij de *New York Review of Letters*, daarna bij de *Orphea kroniek voordat ze* verdronken wordt gevonden bij Orphea. Dit laatste element bevestigde voor de politie de noodzaak om de zaak van 1994 te heropenen.

Joseph Gordon

Vermoord in Orphea in 1994 samen met zijn hele familie, Gordon was toen de burgemeester van de stad. Tijdens het onderzoek in 2014 ontdekt de politie zijn betrokkenheid bij corruptiezaken die een solide motief zouden geven aan veel inwoners van de stad. Hij is in feite een bijkomstig slachtoffer, een ongelukkige getuige van de moord op Meghan Padalin.

Natasha Darrinski

Natasha was Jesse's verloofde en een volleerde kok die op het punt stond haar droom om haar eigen restaurant te openen te verwezenlijken. Tragisch genoeg stierf ze tijdens de politieachtervolging van Ted Tennenbaum (de hoofdverdachte in het onderzoek van 1994).

THE NEW YORK REVIEW OF LETTERS

Steven Bergdorf

De redacteur van het *New York Letters* magazine is een lafaard, een hypocriet en een zwakkeling. Hij is verwikkeld in een helse liefdesspiraal met zijn jonge minnares Alice: hij neemt haar alleen mee naar Orphea met de oorspronkelijke bedoeling haar te vermoorden om van haar af te komen. Maar hij blijft van gedachten veranderen en onthult een onstabiel karakter. Deze situatie maakt hem een ideale dader voor de moorden van 1994: hij is gewelddadig, inconsequent, onhandig en snel overweldigd door de gebeurtenissen.

Alice Filmore

Grillig, vol van zichzelf, overtuigd dat ze een auteur in wording is, zijn haar bedoelingen met Steven Bergdorf onduidelijk. Ze zegt dat ze van hem houdt, maar lijkt hem meer te gebruiken als middel om materiële bezittingen te verkrijgen, of als middel om professioneel vooruit te komen, omdat ze denkt dat hij in staat is haar manuscript tot bestseller te verheffen.

Meta Ostrovski

Ostrovsky is criticus van beroep en werkt al jaren voor de *Revue*. Hij is extreem vol van zichzelf en zijn positie, tot het punt van karikatuur. Toch maakt zijn onvoorwaardelijke liefde voor Meghan Padalin hem tot een innemend personage. Hij is ook de sponsor van Stephanie's boek.

DE FAMILIE EDEN

Dakota Eden

Dakota is een notoire depressieve 19-jarige wiens leven afbrokkelt van de drugs. Een geboren toneelschrijfster, ze heeft niet meer geschreven sinds ze een jaar geleden een medestudent tot zelfmoord dreef.

Jerry Eden

Jerry, een multimiljonair, is de directeur van het beroemde televisiestation Channel 14 en toevallig Dakota's vader. Om zijn dochter te redden van schipbreuk, besluit hij haar mee te nemen naar Orphea om op te laden tijdens de gebeurtenissen in het verhaal.

Tara Scalini

Tara is Dakota's jeugdvriendin en was als tiener verliefd op haar geworden. Vernederd door Dakota na het opbiechten van haar liefde, wordt ze uiteindelijk hangend in haar kamer gevonden.

SLEUTELS TOT HET LEZEN

EEN NEST ROMANS

Vermenigvuldiging van standpunten

Formeel is *De verdwijning van Stephanie Mailer* een roman met laden, d.w.z. het hoofdverhaal is opgesmukt met ingebedde nevenverhalen die evenveel terugblikken als verschillende verhalen vormen. Als we kijken naar de manier waarop de roman is ingedeeld, zien we in feite een bepaald mechanisme: over elk nieuw hoofdstuk staat de naam van de hoofdpersoon die zijn of haar gezichtspunt leent aan het verhaal dat volgt. Om de vertelling zoveel mogelijk te verduidelijken, komen drie vertellerspersonages terug: Jesse, Derek en Anna. Het gezichtspunt van Jesse is het meest vertegenwoordigd, wat ertoe bijdraagt dat hij de held van de roman wordt; bovendien bevat elk van zijn hoofdstukken een extra stukje informatie: het aftellen naar de eerste dag van het festival.

Maar het is ook mogelijk om de eerste-persoonsverhalen van Steven, Jerry, Dakota en Meghan te volgen. De structuur blijft echter duidelijk, de gezichtspunten echoën elkaar en sommige geven antwoorden op vragen die eerder door andere personages zijn gesteld: het hoofdstuk van Dakota (blz. 436) stelt bijvoorbeeld voor om het hoofdstuk van Jerry op te volgen en te onthullen waarom "alles is veranderd" (blz. 332).

Waar Jesse het verhaal in de eerste persoon vertelt, dat van het onderzoek uit 2014, zijn de vertellingen van Anna en Derek verankerd in een specifieke ruimte-tijd: Derek herinnert zich het onderzoek uit 1994 met Jesse, terwijl Anna vertelt over haar leven in New York en haar verhuizing naar Orphea tussen 2010 en 2014. In deze eerste-persoonsfragmenten zijn ook derde-persoonsretrospectieven ingebed die terugblikken op een specifiek moment in de tijd, meestal beleefd door hoofdpersonen die inmiddels zijn overleden. Elk verhaal lijkt echter te neigen naar eenzelfde punt van sublimatie, dat wordt gesuggereerd door het aftellen van de hoofdstukken (-7, -6, -5, enz.): "0 De avond van de eerste" (p. 469). Het is inderdaad op dit punt dat de climaxen van de drie hoofdverhalen van Jesse, Anna en Derek samenkomen, elk bezig met het volgende: "Zaterdag 26 juli 2014 […] De dag dat alles op zijn kop kwam te staan." (blz. 471), "Vrijdag 21 september 2012. De dag dat alles uit elkaar viel. (blz. 479), "Donderdag 13 oktober 1994. De dag dat alles veranderde" (blz. 483).

Deze vermenigvuldiging van verhaallijnen geeft de roman een snel en levendig ritme dat wordt versterkt door talrijke dialogen, waardoor de roman een steeds meer cinematografische en pluriforme dimensie krijgt: de herinneringen die zich voordoen vlak na een dialoog met een getuige, of na een stukje informatie dat een personage heeft verzwegen vanwege zijn of haar verlegenheid, hebben alle kenmerken van Hollywood *flashbacks.*

EEN REFLECTIE OVER SCHRIJVEN

Veelvormig schrijven

De roman, in zijn scriptachtige gedaante, produceert verschillende genres die elkaar kruisen en verstrengelen. We zullen drie verschillende genres onderscheiden, omdat ze formele schrijfvereisten hebben: de roman natuurlijk, maar ook het theater en het dagboek. Dit laatste wordt met name weergegeven door de uittreksels uit het dagboek van Meghan Padalin (blz. 558-560), die de tekst en het verhaal dynamischer maken. De oefening is echter interessant omdat deze uittreksels, hoewel geschreven in de eerste persoon, niet dezelfde uitdrukkingsmiddelen gebruiken als bijvoorbeeld Anna's verhalen. De laatste worden gelezen alsof Anna ze richt tot een onwetende lezer: ze nemen de tijd om uit te leggen, te detailleren, te contextualiseren, kortom te vertellen. De dagboeken van Meghan daarentegen worden gebracht zoals ze zijn, volledig in zichzelf gekeerd, alsof ze de lezer in de rol van de onderzoeker willen plaatsen. Ze doen geen moeite voor uitleg en blijven egocentrisch, zoals blijkt uit de openingsverklaring van de dagboeken: "Gelukkig nieuwjaar voor mij. (p. 558).

Het theater is zeer aanwezig: het kan gelezen en gezien worden en vormt een decor waarvan de roman zelf het toneel is. Daarom opent het verhaal met een beschrijving van het opzetten van Orphea's nieuwe evenement, dat "die avond […] haar allereerste theaterfestival inluidde" (p. 9), als een didascalia die de scène van het komende drama contextualiseert. Om dit idee te staven, is het interessant om op te

merken dat de uitgeverij De Fallois een "Lijst van hoofdpersonen" heeft voorzien, die kan worden geraadpleegd op pagina
637, en die doet denken aan deze verplichte vermelding in
elke theateruitgave. Het stuk van Kirk Harvey komt zo in het
verhaal als een toneelstuk in een toneelstuk en introduceert
een heel vocabulaire en dramatisch universum dat dit thema
versterkt. Tenslotte wordt het toneelstuk *Oom Vanya* vaak
aangehaald (het was immers het eerste toneelstuk dat op het
festival van 1994 werd opgevoerd) en is bedoeld als literaire
verwijzing naar de auteur of als eerbetoon.

OOM VANYA

Tsjechovs *Oom Vanya*, geschreven in 1897, had meer succes
dan de toneelschrijver oorspronkelijk had verwacht. Het
stuk bevat personages die uitgeput zijn door het leven,
meestal gedesillusioneerd, en die elkaar missen en het
potentiële geluk dat uit hun ontmoetingen zou kunnen
voortvloeien. *Oom Vanya* is een herschrijving van een ander
stuk dat Tsjechov in 1890 schreef: *De man in het bos*, dat
oorspronkelijk een komedie was, en dat door de critici zeer
slecht werd ontvangen: door de transformatie werd het
aanzienlijk gedramatiseerd.

Het schrijven van het boek in de afgrond

Dit fenomeen van interpenetratie tussen het geschreven
boek dat verschijnt in het gelezen boek is een thema dat
reeds door Joel Dicker werd ontwikkeld. In *The Truth About
Harry Quebert is* zijn held (Marcus Goldman) een schrijver op
zoek naar inspiratie voor zijn tweede roman: hij eindigt met

het schrijven van het avontuur dat hij beleeft. Hier ontdekken onze helden dat "Stephanie een heel boek aan de zaak wijdde" (p. 114), dat zij "Niet schuldig" noemt; bovendien is het "spannend geschreven" (p. 115).

De mysterieuze sponsor van Stephanie's boek (we leren later dat het de criticus Meta Ostrovsky is), belooft haar een "prachtig detectiveverhaal" (p. 115) te schrijven waarvan de lezers "zullen genieten" (p. 115): zoveel lovende kritieken voor de roman die we in handen hebben, met hetzelfde plot! Bovendien is het karakter van de criticus interessant: zijn functies worden heel vaak geanalyseerd en afgezet tegen "de kleine kunst" (p. 133) van het schrijven. Ostrovsky verklaart zichzelf tot "politie van de intellectuele waarheid" (p. 133). Joel Dicker karikaturiseert dit beroep door de willekeurige praktijken van zijn personage aan de kaak te stellen, dat moorddadige recensies schrijft zonder zelfs maar de boeken te hebben geopend (blz. 135). Wanneer Ostrovsky in het stuk acteur wordt, ondergaat hij een soort metamorfose en wint hij aan nederigheid, alsof de auteur, net als Kirk's wraak op Ostrovsky (hij maakt hem in zijn stuk belachelijk), ook wraak heeft genomen op het imago van de criticus.

DE BRONNEN VAN DE KOMEDIE

Karakterkomedie

Meta Ostrovsky wordt door deze transformatie een komisch theaterpersonage, maar toch had hij de kiemen van deze toestand al in zich: wanneer hij de rol van criticus krijgt toebedeeld, is hij niets anders dan overdrijving en karikatuur, "een belangrijk man" (p. 133) of *"God, maar dan beter"*

(p. 136) zijn zijn eigen woorden om zichzelf te definiëren. Het veelvuldig gebruik van het vrije indirecte discours (blz. 132 en blz. 133) draagt ertoe bij dat hij een afschuwelijk, maar komisch personage wordt. Bovendien wordt zijn aanwezigheid altijd opgemerkt, zoals blijkt uit zijn pogingen daartoe: hij spreekt niet, maar "brult" (p. 133), "schreeuwt" (p. 337) of zelfs "krijst als een verdoemde man met een te hoge stem" (p. 338).

Net als hij, "bawlt" (p. 337) en maakt Gulliver zich belachelijk tijdens voorstellingen waarin hij een "opgezette veelvraat" (p. 398) vasthoudt, een broek draagt en een toneelrol uitvoert die we ons gemakkelijk kunnen voorstellen als "zielig" (p. 398) gezien het uiterlijk van de politiechef, wiens stoutheid alleen geëvenaard wordt door zijn domheid. Zoals zijn nuchtere antwoord op Anna's raadsel ('Ik wil schrijven, maar ik kan niet schrijven. Wie ben ik?" (blz. 334): "Antwoord: een pinguïn" (blz. 335).

Komedie van woorden en gebaren

Wat Kirk Harvey betreft, hij is intrinsiek een theatraal personage: zijn mechaniek is gebaseerd op mondelinge en lichaamstaal, hij bestaat uit niets anders dan grootspraak en gebaren. Dit blijkt uit zijn eerste voorstelling getiteld *I, Kirk Harvey, waarin* hij zichzelf in staat acht zowel regisseur, auteur als acteur te zijn van een monoloog toneelstuk waarin hij de enige hoofdpersoon is. Deze dissonantie tussen zijn ambities, zijn gevoel van eigenwaarde en de indrukken die hij maakt op zijn omgeving zorgt voor een beruchte discrepantie, en deze discrepantie is een broedplaats voor komedie. Bovendien dragen de zelfstandige naamwoorden die hem karakteriseren als "gek" (p. 269), "een wandelende grap" (p. 316) of zelfs "een oude dwaas" naar eigen zeggen (p. 350) bij aan een kleurrijk en hansworstig beeld. Kirk's eigen gedachten weerspiegelen zijn hang naar overdrijving en nadruk: wanneer hij zich innerlijk verkneukelt, "Oh lieve glorie, zo lang begeerd, hier ben je eindelijk" (p. 338), kunnen we het gebruik van het uitroepteken (dat meestal zijn zinnen afbreekt) of het lyrische "oh" opmerken, typisch voor de poëtische of tragische parodie hier.

Want deze personages vormen ook een ingang tot de komedie via hun lexicaal gebruik. Kirk aarzelt bijvoorbeeld niet om zijn critici en andere tegenstanders bloemrijk uit te schelden: beledigingen als "Vergif!", "Batraciër!" of "maagzuur" (p. 262) geven een burleske dimensie aan de dialoog. Interjecties als "Bigre" (p. 212) en "Pfft!" (p. 213) staan ook haaks op de doorgaans vlotte vertelling. De verandering van de naam "Rosenberg" in "Leonberg" (p. 213) dient als een vergelijking tussen de politieman en de enorme, onhandig ogende hond wiens ras die naam draagt.

SYMBOLISCH LENEN

Orphea en de afdaling naar de hel

Deze burleske, in het beton verankerde bovenlaag bestaat naast een symbolische onderlaag die raakt aan het metafysische, met name via namen en de superpositie van een mythologisch universum op de wereld van de detectivefictie. "Orphea", om te beginnen, ontkent niet zijn band met Orpheus, wiens mythe een van de meest aangrijpende is van het oude Griekenland. Ted Tennenbaum lijkt zich overigens bewust van deze parallel, want hij noemt zijn café Athena, als verwijzing naar de Griekse godin van de oorlog en de kennis. En ook al staat de vertelling niet stil bij dit punt, het is geen toeval; de Griekse verwantschap wordt goed geclaimd aangezien Ted's busje de uil draagt, de fetisjvogel van de godin, een detail dat hem zal ontvallen.

Deze mythologische echo wordt bevestigd door het "sfinxachtige" (p. 334) raadsel dat Anna op het magneetbord schrijft wanneer de onderzoekers de identiteit van de mysterieuze sponsor van Stephanie's boek in twijfel trekken: "Ik wil schrijven, maar ik kan niet schrijven. Wie ben ik?" (blz. 334).

👁 DE OEDIPUSMYTHE

De figuur van de Sfinx, een gevleugeld wezen met het lichaam van een leeuwin en het hoofd van een vrouw, maakt deel uit van de mythe van Oedipus, de tragische held die veroordeeld is om zijn vader te doden en met zijn moeder te trouwen. Aangekomen bij de poorten van Thebe wordt Oedipus geconfronteerd met het monster dat de stad terroriseert en iedereen verslindt die er niet in slaagt zijn raadsels op te lossen. Hier is het dier dat hij aan Oedipus voorstelt: "Wat is het dier dat 's morgens vier poten heeft, 's middags twee, en 's avonds drie, en dat des te trager en kwetsbaarder is omdat het geen poten heeft?"

Het antwoord op dit beroemde raadsel is "de mens", die als kind op handen en voeten kruipt, als volwassene op twee benen staat en, naarmate hij ouder wordt, een stok gebruikt om te lopen. De Sfinx, verslagen door Oedipus, stort zich van een klif en de held betreedt Thebe nu vrij van het wezen.

Bovendien, als "mail" de handeling van het verzenden aanduidt, zou "mailer" een substantieve vorm zijn die "boodschapper" betekent, waardoor Stephanie wordt gekoppeld aan de figuur van de god Hermes. De boodschapper is een terugkerende figuur in de mythologie en vindt ook weerklank in de katholieke godsdienst, waar profeten en apostelen de bewakers zijn van het woord van God. En dit goddelijke woord is dat van Stephanie, die Jesse een "waarheid" (p. 19) komt vertellen in de tegenwoordige tijd van de algemene waarheid: "U hebt deze zaak niet opgelost, kapitein. (p. 19). De journaliste zal worden vermoord: net als zij, meestal in de Bijbel, zijn de boodschappers verkeerd begrepen zieners die voorbestemd zijn om als martelaar te eindigen. Onder hen valt "Jeremiah" op, de naam van een van de slachtoffers uit 1994, die de vorige stelling weergeeft. Tenslotte leeft de familie Eden, vóór de zelfmoord van Tara, gelukkig in de "Tuin van Eden" (blz. 436), de naam van hun zomerresidentie. Deze woordspeling impliceert zowel hun eigen achternaam als een bijbelse verwijzing naar de prachtige tuin van Genesis. Maar elke Tuin van Eden suggereert schuld en dan de val: Tara die door Dakota tot zelfmoord wordt gedreven, dan Dakota's langzame afdaling naar de hel.

De hel wordt belichaamd in het toneelstuk *La Nuit noire*, geschreven door Kirk Harvey, waarvan de titel zelf al getint is met apocalyptische symboliek. De voormalige politiechef gebruikt deze dimensie om het toneelstuk in 1993 en 1994 te promoten: hij schrijft apocalyptische boodschappen op de muren ("*De donkere nacht zal spoedig beginnen*" [p. 162]) en creëert zo een echt gerucht over het einde van de wereld, dat door alle inwoners van Orphea angstig wordt ingefluisterd. Bovendien, wanneer Alice een journalist binnenlaat in de repetitieruimte, waarschuwt ze hem door hem te corrigeren: dit is geen "theaterdeur", het is "de deur naar de hel" (p. 451). Ten slotte is de Latijnse tekst die Meta Ostrovski in het stuk spreekt (*"Dies irae, dies illa,//solvet saeclum in favilla!"*) ontleend aan een middeleeuws apocalyptisch gedicht. Want de laatste symbolische verwijzingen zijn echo's van de Middeleeuwen; om maar een voorbeeld te noemen, het personage van Kirk neemt de rol aan van de middeleeuwse gek: gerespecteerd omdat hij de drager van de waarheid is.

MOGELIJKHEDEN TOT BEZINNING

EEN PAAR VRAGEN OM OVER NA TE DENKEN...

- De roman heeft de eigenaardigheid dat hij begint in hoofdstuk 7. Verklaar dit kenmerk en de relevantie ervan voor de opbouw van het verhaal.

- Op bladzijde 270 geeft een detail ons al een glimp van wie het echte slachtoffer van 30 juli 1994 is.

- Hoe promoot Kirk Harvey zijn stuk voor het eerste Orphea Theatre Festival? Wat is de sleutel om dit te begrijpen?

- Het woordgebled theater komt in de hele roman voor, zoek acht termen die betrekking hebben op dit universum.

- Welke andere vormen van schrijven dan het dagboek en het theater worden in de roman opgevoerd?

- Kijk naar de passage van pagina 489 tot 499. Welke soorten komedie worden in dit hoofdstuk opgezet en welke personages zijn de vectoren?

- Uit welk land komt Natasha? Wat zijn de verschillende elementen die het mogelijk maken dit te bevestigen?

- Wat is volgens u het nut van personages als Dakota en Jerry in een detectiveverhaal?

OM VERDER TE GAAN

REFERENTIE-UITGAVE

La disparition de Stephanie Mailer, Parijs, Éditions de Fallois, 2018.

BENCHMARKSTUDIES

Atlas van de mythologie, Parijs, Éditions Glénat, 2003.

KOUTCHOUMOFF L., "Joël Dicker, Genevois, 27 jaar oud, droomde ervan een grote Amerikaanse roman te schrijven. Hij heeft het gedaan", in *Le Temps*, 15 september 2012. Geraadpleegd op 18 oktober 2018.

https://www.letemps.ch/culture/joel-dicker-genevois-27-ans-revait-decrire-un-grand-roman-americain

Officiële website van Joel Dicker, "Biografie", in JoelDicker. Geraadpleegd op 18 oktober 2018.

https://joeldicker.com/biographie/

*We horen graag van jou! Laat
een reactie achter op jouw online bibliotheek
en deel je favoriete boeken op social media!*

www.50minutes.com

Master ISBN: 9782808687843
Papier ISBN: 9782808699242
Wettelijk depot: D/2023/12603/1204

Omslag: © Primento

Digitaal ontwerp: Primento, de digitale partner van uitgevers.